8° Z 9890 (9)

Paris
1870

ourdain, Charles-Marie-Gabriel Brechillet,

*L'université de Paris à l'époque de la
domination anglaise*

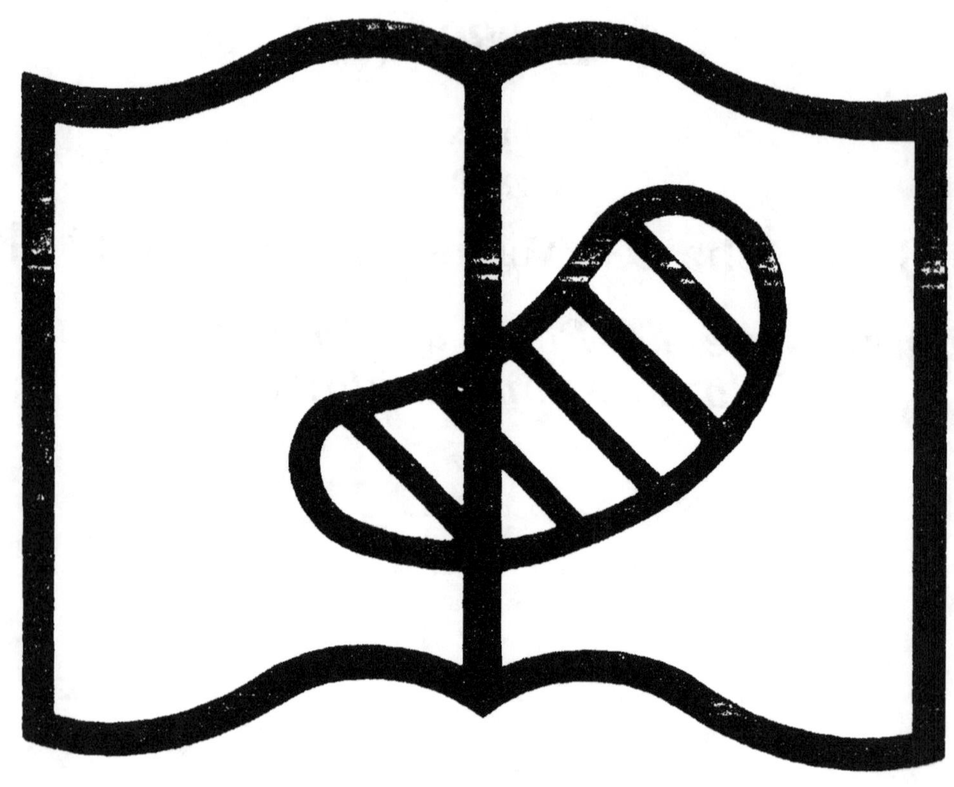

Symbole applicable
pour tout, ou partie
des documents microfilmés

Original illisible

NF Z 43-120-10

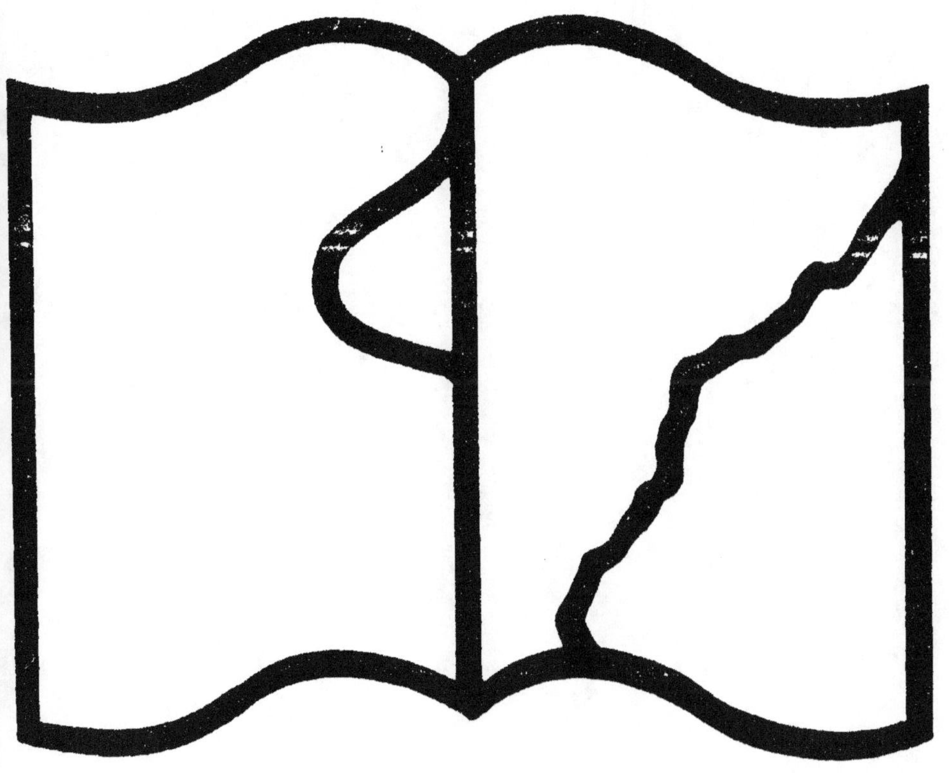

**Symbole applicable
pour tout, ou partie
des documents microfilmés**

Texte détérioré — reliure défectueuse

NF Z 43-120-11

L'UNIVERSITÉ DE PARIS

A L'ÉPOQUE

DE LA DOMINATION ANGLAISE

PAR

CHARLES JOURDAIN

Membre de l'Institut.

Extrait du Bulletin de l'Académie des Inscriptions et belles-lettres.

PARIS

IMPRIMERIE DE E. DONNAUD

9, RUE CASSETTE, 9

1870

L'UNIVERSITÉ DE PARIS

A L'ÉPOQUE

DE LA DOMINATION ANGLAISE.

Extrait du Bulletin de l'Académie des Inscriptions et Belles-Lettres des mois de juillet et août 1870.

Les historiens racontent qu'après la victoire de Bouvines le roi Philippe-Auguste écrivit à l'Université de Paris : « Louez Dieu, très chers amis, nous sommes sortis vainqueurs de la bataille la plus terrible que nous ayons jamais eue à livrer (1). »

Il y avait alors quatorze ans que les étudiants et les maîtres des écoles de Paris avaient obtenu du roi certains priviléges qui donnaient à leur corporation une existence officielle et authentique. A peine constituée, cette corporation puissante se trouvait associée par la dépêche de Philippe-Auguste à la politique royale et aux intérêts nationaux.

Ces premiers liens, ces liens patriotiques entre l'Université de Paris naissante et le pays déjà fier de la posséder, s'étaient resserrés de siècle en siècle, tant par une communauté naturelle de sentiments que par l'effet des services rendus, lorsque les désastres du règne de Charles VI et la démence de ce prince mirent une partie de la France aux mains des Anglais.

Dans ces douloureuses conjonctures, il n'appartenait pas à l'Université de retenir l'État sur le penchant de sa ruine; elle n'en

---

(1) Laudate Deum, carissimi, quia nunquam tam gravem afflictum evasimus. *Recueil des historiens de France*, t. XIX, p. 259.

avait ni la mission, ni le pouvoir. Mais elle parut alors céder trop facilement au cours des événements politiques. Son attitude résignée ne répondit pas aux espérances des bons citoyens, et ne fut même pas toujours digne du rôle que l'École de Paris avait joué, depuis la mort de Charles V, dans les affaires de la nation et dans celles de l'Église.

C'est un tableau assez triste que celui des défaillances, même excusables, d'une grande institution qui, après avoir servi, non sans éclat, le pays, se détache de sa cause par faiblesse et par égoïsme. Cependant ces défaillances appartiennent à l'histoire et ne sauraient être couvertes par son silence. C'est le motif qui nous a engagé à écrire les pages qui suivent dans lesquelles nous essayons de retracer la physionomie et les actes principaux de l'Université de Paris à l'époque de la domination anglaise.

Nous ne parlerons pas des tribulations que l'Université eut à souffrir à la suite de la prise de Paris par le duc de Bourgogne en 1418, ni du massacre et de la dispersion de ses maîtres les plus illustres, ni de l'exil volontaire de Gerson, ni du pillage des collèges. Nous ne mentionnons ces événements, antérieurs de quelques mois au triomphe des Anglais, que pour avoir le droit d'ajouter qu'ils sont la meilleure explication de la contenance réservée, et à certains égards blâmable, que l'Université garda ensuite durant plusieurs années.

Après la mort tragique de Jean-sans-Peur à Montereau, lorsque des conférences étaient sur le point de s'ouvrir dans la ville de Troyes pour le rétablissement de la paix entre le roi de France, le nouveau duc de Bourgogne et le roi d'Angleterre, l'Université de Paris fut invitée par Charles VI à venir prendre part à la délibération. Pour la représenter, elle désigna sept de ses membres les plus notables, maîtres Thomas Lemoine, Jean de Boissy, Jean Manson et Jean Beaupère, tous quatre maîtres ès-arts et docteurs en théologie; Guillaume Enurie, maître ès-arts et bachelier en théologie; Jacques Saquespée, maître-ès-arts et docteur en médecine; enfin, Pierre Cauchon, le futur évêque de Beauvais, alors simple licencié en décret (1). Il est à

(1) Du Boulay, *Hist. Univ.*, t. V, p. 313.

présumer que tous ces personnages siégèrent dans les conseils multipliés qui furent tenus, selon Monstrelet (1), dans les derniers jours du mois de mai, en présence du roi, de la reine et du duc de Bourgogne, et qui préparèrent le traité de Troyes. L'Université de Paris, en la personne de quelques uns des siens, eut ainsi officiellement sa part de responsabilité dans ce traité funeste qui, au mépris des lois de la monarchie, dépouillait le fils de Charles VI et livrait la France à l'ambition anglaise. En des temps meilleurs, elle eût rallié autour d'elle par d'énergiques protestations tous ceux qui maudissaient un pareil traité, « *toutes gens d'entendement* », comme s'exprime Juvénal des Ursins (2), « *qui le réputoient de nulle valeur et effet* » : mais dans ces jours de trouble et d'affliction, décimée par les factieux, ayant perdu ses chefs les plus honnêtes et les plus respectés, épuisée par tant d'épreuves et à demi ruinée, elle ne songea qu'à son propre salut, et mit exclusivement ses soins, durant quelques années, à sauver les priviléges deux fois séculaires qui étaient la base de sa constitution.

L'influence que les avis et les démarches des députés de l'Université ont exercée se reconnaît aisément dans les articles du traité de Troyes qui garantissent aux bénéficiers la possession paisible de leurs bénéfices, et aux églises, universités, études générales et colléges d'étudiants la jouissance de leurs droits, prérogatives, libertés et franchises (3). Cependant, et si claires que soient les promesses contenues dans ces articles, peut-être ne furent-elles pas jugées suffisamment explicites; car, peu de temps après la conclusion du traité de Troyes, l'Univer-

(1) *Chronique de Monstrelet*, édit. de la Société de l'histoire de France, t. III, p. 378 : « Et en aucuns briefs jours ensuivans furent assemblez plusieurs consaulx en la présence du roy, de la royne et du duc de Bourgogne, pour avoir advis sur la paix... »

(2) *Histoire de Charles VI*, dans la collect. Michaud et Poujoulat, p. 557.

(3) *Chronique de Monstrelet*, t. III, p. 395 ; *Chronique du religieux de Saint-Denys*, publ. et trad. par M. Bellaguet, t. VI, p. 441.

sité de Paris envoya dans cette ville deux nouveaux députés, M. Philippe Marescal, procureur de la nation de France, et M. Jean Basset, qui, sous le nom de promoteur, représentait la corporation près le tribunal du conservateur de ses priviléges apostoliques (1). Dès leur arrivée, Marescal et Basset devaient se mettre en rapport avec ceux de leurs collègues, enfants et suppôts comme eux de l'Université, que renfermait alors la capitale de la Champagne ; ils devaient leur rappeler leurs serments d'obéissance et de dévouement filial envers l'École de Paris, et les conjurer de lui venir en aide dans la circonstance critique où elle se trouvait. Pierre Cauchon commençait à être en crédit singulier auprès du roi d'Angleterre ; aussi les instructions des deux ambassadeurs signalaient-elles Pierre Cauchon comme un personnage important, qui peut leur prêter l'appui le plus utile, qui se chargera de parler à Charles VI et qui saura disposer favorablement Henri V.

Il s'agissait de représenter à Charles VI la situation déplorable de l'Université, les cruelles vexations auxquelles, en dépit de ses priviléges, elle était en butte, les lourdes charges qu'entraînait pour ses écoliers et pour ses maîtres le service de jour et de nuit sur les remparts et aux portes de la ville, service qu'on exigeait d'eux avec rigueur, au grand préjudice non-seulement de leur tranquillité, mais de leurs études. Mais à quoi bon ces lamentations? N'avaient-elles pas été mille fois exprimées? Elles n'apprenaient rien de nouveau à Charles VI ; loin de là, par des édits récents, par de pressantes recommandations adressées soit aux généraux commandant les troupes, soit au lieutenant de police (2), le malheureux prince avait fait ce qui dépendait de lui pour épargner aux étudiants les tristes effets de l'état de guerre. Ce qui était plus opportun, et ce qui nous paraît avoir été le véritable objet de la mission confiée à Jean Basset et à Philippe Marescal, c'était d'amener le roi d'Angleterre à exécuter loyalement les articles du traité de Troyes en

(1) Du Boulay, *Hist. Univ.*, t. V, pag. 346.
(2) Lettres du 12 juin 1419, et des 18 et 25 avril 1420.

faveur des gradués de l'Université, possesseurs de bénéfices ecclésiastiques, ou inscrits, selon l'usage, sur le rôle de présentation, pour être pourvus à la première vacance. La lettre comme l'esprit du traité voulait que les droits des uns et des autres fussent respectés; que ceux-ci ne fussent pas troublés dans la perception de leurs revenus, ni ceux-là frustrés dans leurs espérances, même quand les bénéfices dépendraient de la province de Normandie, la récente conquête des Anglais. L'observation loyale des engagements contractés offrait d'ailleurs d'autant moins d'inconvénients, que les négociateurs de la paix de Troyes n'avaient pas stipulé pour tous les bénéficiers indistinctement, sous quelque bannière qu'ils se fussent enrôlés durant les troubles du royaume, mais seulement pour ceux qui rempliraient les clauses du traité, qui feraient serment de s'y soumettre, et qui se montreraient sujets fidèles du roi de France, partisans dévoués du duc de Bourgogne, ce qui voulait dire alors, ennemis du dauphin et plutôt Anglais que véritablement Français. Il semblait que le serment ne dût être exigé que des candidats aux bénéfices; en réalité, s'il faut en croire Thomas Bazin (1), il fut imposé aussi longtemps que dura la domination anglaise, à tous les écoliers, candidats aux grades dans quelque faculté que ce fût. L'Université se résigna, non sans douleur, nous aimons à le croire, à cette dure condition; elle fit seulement proposer, par l'organe de M° Marescal et de M° Dasset, que le serment en question fût prêté entre les mains du recteur, et qu'il pût être prouvé, par un simple certificat de ce magistrat, dont la signature devait faire foi devant l'autorité supérieure, et dispenserait de tout autre témoignage.

Il est constant, par le témoignage de Thomas Bazin, que ce dernier point fut accordé; quant aux autres, nous ignorons quel fut exactement le résultat de la mission confiée à Marescal et à

(1) *Histor. Caroli VII*, lib. I, c. 14, t. I, p. 36 de l'édit. de M. Quicherat : « Quamdiu Universitas Parisiensis mansit sub obedientia Anglorum, omnes scholastici, si ad gradum aliquem in quacunque facultate promovebantur, inter alia, in manu rectorum Universitatis, hujusmodi pacem se servaturos sacramento firmare adigebantur ».

Basset ; mais quelques semaines plus tard, l'Université envoyait en députation vers Henri V, deux députés nouveaux, Jean de Bonesque et Eustache Du Mesnil. Ceux-ci avaient pour instructions de gagner tout d'abord les bonnes grâces du duc de Bourgogne et de son conseiller, Jean de la Saulx, seigneur de Courtivron ; celles de l'archevêque de Cantorbéry et celles de l'évêque d'Amiens. Il leur était aussi recommandé de mettre à profit, dans l'intérêt de l'Université, le crédit de jour en jour croissant de Pierre Cauchon, récompensé depuis peu, par l'évêché de Beauvais, de son dévouement à la cause anglaise. Les points à débattre et à obtenir étaient d'ailleurs les mêmes qui avaient fait l'objet des requêtes précédentes, c'est-à-dire l'exemption du guet et des autres charges militaires en faveur des suppôts de l'Université, et l'octroi de lettres-patentes, pour garantir aux bénéficiers et aux gradués le complet exercice de leurs droits sur les cures, prébendes et abbayes du royaume, même quand elles seraient situées en Normandie (1).

Si ces requêtes répétées trahissaient chez leurs auteurs des préoccupations un peu étroites, elles n'avaient rien d'excessif ni d'insolite ; et, comme elles ne paraissent pas s'être renouvelées, tout porte à croire qu'elles furent accueillies. Mais l'Université de Paris pouvait déjà pressentir, elle comprit mieux encore par la suite que le joug de l'étranger serait pour elle plus lourd à supporter que l'autorité paternelle des princes de la maison de France.

Au mois de décembre suivant, Henri V faisait son entrée à Paris, et, comme il advient fréquemment en de telles conjonctures, un des premiers soins du monarque victorieux fut de convoquer une assemblée de notables où ne siégèrent que ses partisans, de réclamer des subsides et, comme conclusion, de frapper les habitants d'un impôt extraordinaire déguisé sous la

(1) Dans notre *Index chronologicus chartarum pertinentium ad historiam Universitatis Parisiensis*, n° MCLXVI, nous avons publié le texte des instructions qui furent données à Jean de Bonesque et à Eustache Du Mesnil.

forme d'un échange. Ordre en effet fut donné à chacun de porter à l'hôtel des monnaies une certaine quantité de marcs d'argent proportionnée à sa fortune, et en échange de laquelle il devait recevoir des espèces monnayées, mais avec perte d'un huitième sur les valeurs métalliques déposées (1). En vain, l'Université, invoquant ses vieux priviléges, s'efforça d'échapper à la loi commune ; en vain ses écoliers et ses maîtres portèrent en suppliants leurs réclamations au pied du trône ; Juvénal des Ursins nous apprend ce qu'ils gagnèrent à cette démarche : « Ils furent rebutés, dit-il, par le roy d'Angleterre qui parla hautement à eux ; ils cuidèrent répliquer, mais à la fin ils se turent et départirent ; car autrement on en eust logé en prison. Alors aussi falloit-il dissimuler par toutes sortes de personnes, et accorder ce qu'on demandoit ; ou autrement, on les eust tenus assez légèrement pour Armagnacs. »

Cet échec, non moins douloureux pour sa fierté que funeste à ses intérêts, ne mit pas fin aux sollicitations de l'Université ; car un mois ne s'était pas écoulé, qu'elle se décidait à députer de nouveau vers Henri V, alors à Rouen. Me Basset, que devaient accompagner Jean de la Fontaine, maître ès-arts, bachelier en droit canon ; Guillaume Guignon, maître ès-arts, bachelier en droit canon et licencié en droit civil ; enfin Pierre Amiot, maître ès-arts et bachelier en droit canon (2). Parmi les affaires qui devaient être humblement recommandées au roi d'Angleterre, nous signalerons le payement des gages de Me Paul de Bonnefoy, qui enseignait alors la langue hébraïque dans les écoles de Paris. Henri V avait promis en sa faveur une allocation de 100 fr., sur lesquels 50 seulement avaient été payés et il s'agissait d'obtenir le payement du surplus (3). Nous voyons figurer

(1) Juvénal des Ursins, *Hist. de Charles VI*, collect. Michaud et Poujoulat, p. 562 ; Vallet de Viriville, *Hist. de Charles VII*, t. I, p. 237.

(2) *Index chronologicus*, p. 245.

(3) Voyez notre écrit *De l'enseignement de l'hébreu dans l'Université de Paris*, qui, avant d'être publié à part, avait paru dans la *Revue de Sociétés savantes*, avril 1863.

pour la première fois une autre réclamation ayant pour objet d'assurer aux écoliers et à leurs maîtres la faculté de circuler librement dans le royaume, tant par eau que par terre, avec leur bagage et les effets à eux appartenans, sans être assujettis à aucun droit de péage. C'était là un privilége accordé de tout temps aux suppôts de l'Université et qui ne pouvait guère lui être enlevé ni même contesté en principe, bien qu'il fût exposé, en des jours si troublés, à de fréquentes violations.

Au mois d'août 1421, tandis que Henri V assiégeait la ville de Dreux, nous trouvons encore la trace d'une députation qui fut envoyée vers lui pour implorer sa royale protection auprès des évêques et même auprès du Saint-Siége, en faveur des gradués de l'Université, candidats aux bénéfices ecclésiastiques. La collation des bénéfices donnait lieu alors à beaucoup de discussions dans l'Eglise et même dans l'Ecole, par la difficulté de concilier les priviléges des gradués et les droits des collateurs. Les documents recueillis par Du Boulay sont incomplets et ne laissent pas voir clairement ce qui se passa devant Dreux entre les envoyés de l'Université. Il en ressort cependant qu'une discussion s'éleva entre l'évêque de Paris, Jean Courtecuisse, prélat très-mal vu de la faction anglaise, et Me Jean Beaupère, de la Faculté de théologie, dévoué aux intérêts de cette faction. On ne parvint pas à s'entendre, et la députation dut regagner Paris sans avoir conclu à rien, ni rien obtenu. A son retour, elle fut accueillie au cloître des Mathurins par l'explosion du mécontentement général; et une partie de l'assemblée invita le recteur à sévir contre ceux qui avaient si mal servi les intérêts de la compagnie (1). Peut-être faut-il rattacher à cet incident la retraite de Jean Courtecuisse, qui peu de temps après quitta le siége de Paris pour aller occuper celui de Genève.

L'année suivante, à quelques semaines de distance, moururent Henri V et Charles VI, l'un le 31 août, l'autre le 21 octobre 1422. Aux termes du traité de Troyes, l'Université de Paris devait reconnaître le fils de Henri V, qui, à peine âgé de quelques mois,

____

(1) Du Boulay, *Hist. Univ.*, t. V, p. 319 et s.

venait d'être proclamé roi de France et d'Angleterre, sous le nom de Henri VI. Trop empressée, pour sa gloire, de faire acte de soumission à la domination étrangère, elle se hâta de faire partir pour Londres deux de ses maîtres, Jean Beaupère, que nous avons déjà vu paraître tout à l'heure, et Jean Saquespée, de la Faculté de médecine. Ils étaient porteurs de lettres de créance près la reine mère et le duc de Glocester, qu'ils avaient mission d'entretenir « d'aucunes choses, disent ces lettres, touchant la seigneurie de notre souverain seigneur Henry, roi de France et d'Angleterre, et la paix d'iceux royaumes (1). » Ces démonstrations prématurées de dévouement obtinrent la récompense qu'elles méritaient ; et, dès le mois d'août 1423, parurent des lettres patentes de Henri VI, qui étaient conçues dans les termes suivants :

« Henry, par la grâce de Dieu, roy de France et d'Angleterre, au prévost de Paris et à tous noz séneschaulx, baillis, prévosts, vicontes, et autres noz justiciers, officiers et subgez, ou à leurs lieutenants, salut. De la partie de nos très chiers et bien amez les recteur, maistres et escoliers de notre très chière et très amée fille, l'Université de Paris, nous a esté exposé en complaignant, que en plusieurs pais et lieux de nostre royaume de France, ilz sont par vous ou aucuns de vous molestez, troublez ou empeschiez en l'exécution de leurs priviléges, d'ancienneté à eulx octroiez, desquelx ilz ont joy notoirement et paisiblement partant et tel temps qu'il n'est mémoire du contraire, sans lesquelx ilz ne pourroient vaquer ne entendre à leur estude ; lesquelles molestations, troubles et empeschements redondent à leur très grant grief, préjudice et dommages ; requérans sur ce notre provision et remède ; et pour ce, nous, ces choses considérées, et, avec ce, les grans et innumérables biens et fruis, qui, tant en ampliation, accroissement et deffense de la foy catholique, comme autrement, se sont ensuis et ensuivent de temps en temps, non seulement en notre dit royaume de France, mais généralement en toute christianté, et les grans

(1) Du Boulay, *Hist. Univ.*, t. V. p. 360 et 361.

sciences, labeurs et diligences de notredicte fille et des supposts d'icelle ; les voulans pour ce favoriser, en tant que selon Dieu et raison faire le pouvons, en ensuivant le traicté de la paix final, fcte entre noz très chiers seigneurs, ayeul et père, auxquels Dieu pardoint : par l'advis de nostre très chier et très amé oncle Jehan, régent nostre royaume de France, duc de Bedfort, avons osté et ostons de présent lesdiz troubles et empeschemens, et voulons que lesdiz exposans jouissent de leurs priviléges, selon la forme et teneur de la paix dessus dicte. Si vous mandons, commandons, et expressément enjoignons, et à chacun de vous, si comme à lui appartendra, que lesdits troubles et empeschements vous ostez, et lesdiz exposants et chacun d'eulx fetes et souffrez joir et user de ceste nostre présente voulenté, selon sa forme et teneur, sans les molester, traveiller ou empescher en aucune manière au contraire (1). »

Dans les lettres patentes qu'on vient de lire, Henri VI, roi d'Angleterre, tient le langage qui convient à son rôle ; tout Anglais qu'il soit, il parle en roi de France, parce qu'il porte ce titre, aux termes d'un traité qui subsistera tant qu'il n'aura pas été brisé par la force des armes. Mais quels sentiments de tristesse et quelle humiliation ne devaient pas éprouver les vieux maîtres de l'Université de Paris, chez qui les discordes civiles n'avaient pas étouffé le patriotisme, lorsque, sous leurs yeux, cette grande école, qui s'honorait d'être appelée la fille aînée des rois de France, ne pouvait obtenir la confirmation de ses priviléges que par la grâce d'un duc de Bedford, à la condition de s'entendre appeler la fille aînée d'un roi d'Angleterre !

A partir de 1423, l'Université de Paris cesse d'envoyer des députations à Henri VI et de lui adresser des requêtes. Etait-ce qu'elle fût satisfaite, ou bien avait-elle la conscience de ne pouvoir rien obtenir désormais ? Ce qui n'est que trop constant, c'est que la situation où elle se trouvait n'était rien moins que florissante. Le nombre de ses écoliers avait sensiblement di-

(1) *Index chronologicus*, p. 267.

minué, de même que celui de ses maîtres. Au lieu de trente
cours de médecine qui étaient en pleine activité à Paris, vers
le commencement du XIV° siècle, on ne comptait plus que dix
à quinze docteurs régents de la Faculté qui donnassent des le-
çons publiques (1). Les colléges étaient en pleine décadence.
Celui de Navarre, un des plus considérables, avait été dévasté,
et ses maîtres massacrés ou mis en fuite, lors du sac de la ville
par les Bourguignons en 1418 (2). D'autres colléges, moins
importants, étaient, faute de ressources, abandonnés par leurs
principaux ; et, bien qu'il se trouvât encore des compétiteurs
pour se disputer les postes vacants, le candidat préféré ne trouvait le plus souvent que la pauvreté et la ruine là où il avait
cru découvrir pour lui des moyens assurés d'existence (3).

Cette lamentable situation, qui s'aggravait d'année en
année, se continua, sans incidents remarquables, depuis l'avé-
nement de Henri VI jusqu'à l'époque où les exploits de la
Pucelle d'Orléans ranimèrent tout à coup l'espérance dans le
cœur de ceux qui n'avaient pas subi sans une amère douleur
l'autorité d'un prince étranger. Cependant cette fois encore,
l'Université de Paris, malgré l'exemple du chancelier Gerson,
se montra infidèle à ces traditions de patriotisme qui faisaient
naguère son honneur et sa force. A la nouvelle des combats
heureux livrés par les Français sous les murs d'Orléans, le
pieux chancelier, retiré à Lyon au couvent des Célestins, avait
pris la plume, et dans un écrit, qui peut être considéré comme
son testament, car cet écrit est daté du 14 mai 1429 et pré-
céda seulement de quelques semaines la mort de l'auteur, il

(1) Voyez sur ce point une note de notre *Index chronologicus*,
p. 223, n° 3.

(2) Launoy, *Regii Navarræ gymnasii Historia*. Parisiis, 1677, in-4°,
p. 126.

(3) Du Boulay, *ibid.*, p. 383, cite cette déclaration du procureur
de la nation de France : « Die 16 mensis maii 1429 congregavi na-
tionem Franciæ... Exposui nationi quod erant plura collegia nationis
quæ quotidie demoliuntur propter defectum magistrorum. » Cf. *ibid.*,
p. 350 et 351.

avait défendu Jeanne d'Arc contre les imputations de sortilége, d'impiété et d'inconduite que la faction anglaise commençait à propager (1). Il avait montré que, combattant pour son roi et pour son pays contre des ennemis acharnés, la cause qu'elle défendait était juste et sainte ; qu'elle n'avait usé ni de fraude, ni de maléfices contraires à la loi de l'Eglise ; que Charles VII et son conseil ne s'étaient pas décidés sans de bons motifs à suivre ses avis ; qu'elle s'était conduite avec prudence dans la guerre, et n'avait jamais témoigné cette présomption ni cette témérité, qui est une manière de tenter Dieu (2) ; qu'enfin les œuvres qu'elle avait accomplies, quelle qu'en fût l'issue, ne devaient pas être nécessairement attribuées à l'esprit malin, mais plutôt à la puissance divine. Tel était le jugement du chancelier Gerson sur Jeanne d'Arc. Mais sa voix n'était plus écoutée dans les écoles qu'il avait dirigées si longtemps. L'Université ne comprit ni le caractère ni la mission de la jeune fille inspirée qui sauvait la France ; elle ne sut même pas rester neutre, et prit parti pour les Anglais avec une ardeur aussi inconsidérée que pusillanime. A peine Jeanne d'Arc fut-elle tombée devant Compiègne au pouvoir des Bourguignons, commandés par Jean de Luxembourg, que l'Université de Paris se hâta d'écrire à ce dernier et au duc de Bourgogne (3) pour obtenir d'eux que la prisonnière fût remise aux mains de l'inquisiteur de la foi ou de l'évêque de Beauvais, dans le diocèse duquel la capture avait eu lieu.

(1) Cet écrit de Gerson, publié dans le recueil de ses œuvres, 1706, in-fol., t. IV, p. 864, a été produit au procès de réhabilitation de la Pucelle d'Orléans, et réimprimé à ce titre par M. Jules Quicherat, *Procès de Jeanne d'Arc*, t. III, p. 298 et s.

(2) *Procès de Jeanne d'Arc*, p. 301 : « Pie et salubriter potest de pictate fidei et devotionis sustineri factum illius Puellæ,… præsertim ex causa finali quæ justissima est, scilicet restitutio regis ad regnum suum, et pertinacissimorum inimicorum justissima repulsio seu debellatio. » *Ibid.*, p. 303 : « Ponderandum est quod hæc puella et ei adhærentes militares non dimittunt vias humanæ prudentiæ… »

(3) *Procès de Jeanne d'Arc*, t. I, p. 8 et s.

Elle ne cacha pas dans ses lettres la douleur qu'elle ressentirait de la délivrance « de cette femme qui se dit la pucelle, au moyen de laquelle l'honneur de Dieu a été sans mesure offensé, la foi blessée, l'Eglise déshonorée. » S'il faut en croire Du Boulay, ce serait à l'instigation de l'évêque de Beauvais, Pierre Cauchon, que l'Université aurait fait ces démarches (1). Je crains que, par un sentiment de respect filial, le docte historien ne se soit trop hâté d'amoindrir la part de déplorable initiative qui revient dans cette affaire à la grande école dont l'honneur lui était si cher. En effet, quelques mois s'étant écoulés sans que Jean de Luxembourg se fût dessaisi de sa captive, on vit l'Université de Paris gourmander la tiédeur de l'évêque de Beauvais (2) ; elle s'en prit en quelque sorte à lui-même de l'ajournement du procès qu'elle croyait urgent d'ouvrir devant un tribunal ecclésiastique (3) ; elle fit appel à l'autorité du roi d'Angleterre (4) ; elle le conjura de mettre fin à « cette longue retardation de justice qui devait déplaire à tout bon chrétien », disait-elle ; si bien que ce prince, en délivrant les lettres-patentes qui lui étaient demandées (5), se félicita publiquement de « déférer aux vœux de sa très-sainte et très-chère fille, l'Université de Paris, et de dévotement obéir aux docteurs et maîtres de sadite très-sainte et très-chère fille. »

Ces maîtres ès-arts, ces docteurs en théologie et en droit canon, qui auraient dû être les défenseurs de Jeanne d'Arc, et qui prenaient les devants pour la condamner, cédaient sans doute à la pression exercée sur eux par une faction dévouée à

(1) Du Boulay, *Hist. Univ.*, t. V, p. 393 : « Universitas, instigante M. Petro Cauchon, episcopo Belvacensi, scripsit ad ducem Burgundiæ, ut eam Ecclesiæ traderet... »

(2) *Procès de Jeanne d'Arc*, t. 1, p. 15.

(3) *Ibid*, p. 16 : « Si forsan in ejus rei prosecutione vestra paternitas diligentiam præbuisset acriorem, nunc in ecclesiastico judicio causa præfatæ mulieris ageretur. »

(4) *Procès de Jeanne d'Arc*, t. 1, p. 17.

(5) *Ibid.*, p. 18 et 19.

l'Angleterre ; toutefois il faut reconnaître, non pour les absoudre, mais pour expliquer leur conduite, qu'ils obéissaient aussi à des préjugés et à des ressentiments partagés par la grande majorité de la population de Paris.

Les Parisiens avaient fait l'expérience du gouvernement des Armagnacs qui formaient le gros du parti de Charles VII. Ils se rappelaient les impôts forcés, les exactions et les pillages qu'ils avaient eus à subir, quinze ans auparavant, de la part de maîtres cupides et dissolus ; et, quelque odieuse que fût pour eux la domination anglaise, ils se résignaient à la supporter plutôt que de retomber sous le joug de leurs anciens oppresseurs. Aussi quand les troupes de Charles VII parurent sous les murs de la ville, espérant l'emporter par un vigoureux coup de main, non-seulement la Pucelle ne reçut des habitants aucune aide, ils ne tentèrent en sa faveur aucune diversion, mais ils s'unirent résolûment aux Anglais pour la repousser. Durant le combat, ils la traitaient de *paillarde* et de *ribaude* (1) ; effrayés des représailles qui auraient pu accompagner sa victoire, ils regardaient sa défaite comme une délivrance pour eux-mêmes ; et, s'il faut en croire Monstrelet, ils renouvelèrent le serment de résister jusqu'à la mort au roi Charles, qui les voulait, disaient-ils, tous détruire (2). » Cette animosité et ces terreurs presque unanimes des habitants de Paris furent certainement au nombre des causes qui déterminèrent l'attitude de l'Université. Ses instances réitérées, ses lettres, ses démarches pour décider le duc de Bourgogne et le roi d'Angleterre à faire juger la Pucelle furent l'écho des ma-

(1) *Journal d'un bourgeois de Paris*, coll. Michaud et Poujoulat, p. 356.

(2) *Chronique de Monstrelet*, t. IV, p. 35 : « Yceulx Parisiens avoient une commune voulenté d'eulx défendre, sans y avoir division... Et les dessus diz Parisiens plus que par avant se reconformèrent les ungs avec les autres, prometans que de tout leur puissance ils résisteroient jusques à la mort contre icelluy roy Charles qui les vouloit, comme ils disoient, du tout détruire... »

lédictions que proférait contre l'héroïque jeune fille une foule prévenue et inquiète pour sa propre sécurité.

Lorsque le procès qu'elle avait sollicité avec un zèle aussi bruyant qu'intempestif eut été engagé, l'Université figura dans le tribunal en la personne de quatre de ses anciens recteurs, Denis de Sabovrois, Guillaume Evrard, Pierre Maurice et Thomas de Courcelles, auxquels furent adjoints plusieurs maîtres ès-arts, plusieurs docteurs en théologie ou en décret, entre autres Jean Beaupère, Jacques de Touraine, Girard Fucillet, Jean de la Fontaine, Nicole Midi, Jean Basset. On possède encore l'état des indemnités qui furent, par l'ordre de Henri VI, payées à quelques-uns d'entre eux pour leur participation au procès, à raison de vingt sous tournois par jour (1). Deux des juges désignés, Jean Tiphaine, docteur en médecine, et Guillaume de la Chambre, licencié de la même Faculté, s'étaient d'abord récusés, en prétextant leur profession qui les rendait inhabiles à donner un avis en pareille matière; mais, nonobstant leurs scrupules, ils se virent contraints de siéger (2). Parmi les plus acharnés contre Jeanne d'Arc, il faut citer Thomas de Courcelles, qui opina pour qu'elle fût

(1) Voyez dans le *Procès de Jeanne d'Arc*, t. V, p. 197 et s., un mandat de Thomas Blount, trésorier et gouverneur général des finances du roi en Normandie, adressé à Pierre Sureau, receveur général, pour qu'il ait à payer à maître Jehan Beaupère, Jacques de Thouraine, Nicole Midi, Pierre Morice, Girard Fucillet, docteurs, et à Thomas de Courcelles, bachelier formé en théologie, la somme de vingt sous tournois chacun, par chaque jour qu'ils affirmeront avoir vaqué au procès de Jeanne d'Arc. Donné à Rouen, le 1er mars 1430. — Quittance de cette somme, le 6 mars 1430. — Lettres du roi d'Angleterre, accordant à Jean Beaupère, docteur en théologie, une gratification de trente livres tournois en sus de ses journées de présence au procès de Jeanne d'Arc. Le 2 avril 1431. — Nouveau paiement de six vingt livres tournois, fait par le receveur général des finances de Normandie aux maîtres en théologie de l'Université de Paris, qui avaient vaqué au procès de Jeanne d'Arc. Le 9 avril 1431.

(2) *Procès de Jeanne d'Arc*, t. I, p 196 ; t. III, p. 17 et 50.

soumise à la torture (1), et Nicole Midi, soupçonné d'avoir réduit le procès aux douze assertions qui devaient servir à perdre l'accusée (2). Me Jean Basset, au contraire, inclinait à l'indulgence ; il hésitait à se prononcer sur le caractère des visions que Jeanne d'Arc s'était attribuées ; il ne les regardait pas nécessairement comme l'œuvre du malin esprit ; il admettait qu'elles pouvaient venir de Dieu sans néanmoins l'affirmer, et se contentait de blâmer ce qui, dans la conduite de la Pucelle, lui paraissait choquer les bonnes mœurs et s'écarter de la soumission due à l'Eglise catholique (3). Son opinion se rapprochait à quelques égards du sentiment exprimé par Gerson, bien qu'il se montrât, sous d'autres rapports, beaucoup moins favorable à Jeanne d'Arc que le pieux chancelier.

Quand l'instruction du procès fut achevée, Jean Beaupère, Jacques de Touraine, Girard Feuillet et Nicole Midi furent députés à Paris pour communiquer les pièces à l'Université ; ils reçurent même pour cette mission, s'il est permis de consigner ici ce détail, une indemnité de cent livres chacun (4). L'Université ayant renvoyé l'examen de l'affaire à la Faculté de théologie et à Faculté de décret, ces deux compagnies, au bout de quelques jours, firent connaître leur avis par l'organe de leurs doyens, dans une assemblée générale des quatre Facultés qui se tint aux Mathurins, sous la présidence du recteur

(1) *Procès*, t. I, p. 403 : « Magister Thomas de Courcellis dixit quod sibi videtur bonum esse eam ponere [in torturis]. »

(2) Déposition de Thomas de Courcelles dans le procès de réhabilitation. *Procès de Jeanne d'Arc*, t. III, p. 60 : « Fuerunt facti et extracti certi articuli, numero duodecim..., ut sibi videtur ex verisimilibus conjecturis, per defunctum magistrum Nicolaum Midi.

(3) *Procès*, t. I, p. 342 et s.

(4) Lettres du roi d'Angleterre accordant une indemnité de cent livres tournois à maître Jehan Beaupère, Jacques de Thouraine, Nicole Midi et Girard Feuillet, envoyés à Paris pour soumettre les pièces du procès de Jeanne d'Arc à l'Université. Donné à Rouen, le 21 avril 1431. *Procès de Jeanne d'Arc*, t. V, p. 203.

Pierre Gonda, le 19 avril 1431 (2). Cet avis, comme on ne pouvait que trop s'y attendre, était sur tous les points d'une rigueur impitoyable contre Jeanne d'Arc. On la déclarait convaincue de mensonge, de superstition, de blasphème, d'apostasie, de trahison, de fourberie, de cruauté, d'orgueil, de révolte, etc. Après en avoir délibéré, l'Université vota ces conclusions farouches, que le recteur fut chargé de transmettre au tribunal ecclésiastique, séant à Rouen. Le prestige que conservait l'Ecole de Paris donnait à son jugement une autorité presque irrécusable. Les ennemis de Jeanne d'Arc ne manquèrent pas de faire valoir qu'elle avait contre elle les plus notables docteurs de la plus célèbre école qui fût au monde. On nous dispensera de retracer les derniers incidents de ce simulacre de procès. Condamnée une première fois pour ses méfaits prétendus à la prison perpétuelle, à l'eau d'angoisse et au pain de douleur, Jeanne d'Arc, peu de jours après, pour avoir repris des habits d'homme, était condamnée de nouveau comme relapse, et abandonnée au bras séculier. Le même jour, qui était le 30 mai 1431, elle expirait dans les flammes d'un bûcher, après avoir eu à subir, à ses derniers moments, les exhortations d'un théologien de l'Université de Paris, de ce Nicole Midi, son persécuteur implacable (1).

Le rôle que l'Université de Paris a joué dans le procès de Jeanne d'Arc, la part qu'elle a eue à sa condamnation, ont pesé longtemps sur elle, comme un reproche que l'histoire était en droit de lui faire, et que ses ennemis ne lui ont point épargné. Deux siècles s'étaient écoulés depuis le tragique événement ; et sur la fin du règne de Louis XIII, dans le feu des constestations ardentes qui venaient de se renouveler entre l'Ecole de Paris et la compagnie de Jésus, celle-ci disait, en parlant de sa rivale :

(1) Du Boulay, *Hist. Univ.*, t. V, p. 393 et s. ; *Procès de Jeanne d'Arc*, t. I, p. 411 et s.

(2) *Procès de Jeanne d'Arc*, t. I, p. 470 : « Pro ejus (Joannæ) salutari admonitione et populi ædificatione, fuit solemnis prædicatio per eximium theologiæ doctorem Nicolaum Midi... »

« N'ont-ils pas conspiré contre la Pucelle d'Orléans, envoyée de Dieu miraculeusement pour le salut du royaûme très-chrestien, et dans une assemblée générale des Mathurins fait lettre au roy d'Angleterre, Henri VI, pour le supplier, avec toutes les instances possibles, de la faire punir ?... Ne l'ont-ils pas condamnée, cette saincte vierge, après de longues consultations, et déclarée sorcière, invoquant les diables, idolâtre, schismatique et hérétique ? Et les juges qui lui firent ensuite son procez, ne disent-ils pas dans cette inique et cruelle sentence portée contre son innocence, son honneur et sa vie, qu'ils en ont usé ainsi ayant esgard et respect aux délibérations des maistres des Facultez de théologie et décret en l'Université de Paris, voire et de tout le corps d'icelle Université (1) ? »

Ces reproches amers étaient fondés, nous avons pu nous en convaincre ; mais, pour être tout à fait juste, il aurait fallu ajouter que, par un revirement, facile à prévoir, de l'opinion publique, Jeanne d'Arc ayant disparu de la scène, l'Université qui avait poursuivi sa condamnation et pris parti jusque-là pour les Anglais, se sépara d'eux insensiblement, et, sans devenir tout à fait leur ennemie, contraria souvent leur politique. Elle fit encore bon accueil à Henri VI, quand, au mois de décembre 1431, le jeune roi vint à Paris se faire couronner dans l'église de Notre-Dame par les mains du cardinal de Winchester (2) ; elle sollicita peut-être, et en tout cas, elle reçut de lui avec reconnaissance une nouvelle confirmation de quelques-uns de ses priviléges (3). Mais un mois ne s'était pas écoulé, Henri VI érigeait l'Université de Caen pour l'étude du droit canonique et du droit civil (4) : grave sujet de méconten-

---

(1) *Response au livre intitulé Apologie pour l'Université de Paris contre le discours d'un Jésuite*, Paris, 1643, in-12, p. 96 et suiv.

(2) *Chronique de Monstrelet*, t. V, p. 1 et suiv.

(3) *Ordonnances des rois de France*, t. XIII, p. 169.

(4) Lettres patentes, datées de Rouen, du mois de janvier 1431, ce qui correspond pour nous au mois de janvier 1432. *Ibid.*, p. 176.

tement, sinón de préjudice, pour les écoles de Paris. Il est vrai
que Charles VII, à peu près à la même époque, fondait l'Université de Poitiers (1) ; mais il récompensait par là les populations
qui s'étaient montrées le plus fidèles à sa cause, tandis que le roi
d'Angleterre n'avait pas les mêmes motifs de créer une concur-
rence aux écoles de la ville où il était venu se faire couronner
et qu'il pouvait appeler sa seconde capitale. Ce coup inattendu
et immérité fut vivement ressenti par l'Université de Paris.
Elle s'en plaignit avec amertume ; elle représenta que la nouvelle fondation avait été faite contrairement aux clauses du
traité de Troyes qui garantissaient les priviléges des écoles de
Paris ; qu'elle ôterait à ces écoles tout moyen de se relever de
leurs ruines ; que d'ailleurs elle serait sans utilité, même pour
la Normandie, qui, étant un pays de droit coutumier, n'avait nul
besoin d'une Faculté de droit canonique ou de droit civil.
Ces énergiques réclamations furent portées devant le parlement
par Mᵉ Guillaume Evrard, que nous avons vu figurer au procès
de Jeanne d'Arc ; elles furent même adressées aux pères du
concile de Bâle par l'entremise des envoyés de l'Université (2).

(1) Lettres patentes du 16 mars 1431 ; Du Boulay, *Hist. Univ.*, t. V,
p. 844 et s.; *Ordonn.*, t. XIII, p. 179.

(2) Du Boulay, *Hist. Univ.*, t. V, p. 423. Félibien, *Hist. de Paris*,
t. IV, p. 591, donne le procès-verbal de la séance du Parlement,
où furent portées les remontrances de l'Université : « Du xii novembre (1433). Ce jour les recteur et députés de l'Université de Paris et
le prévost des marchands firent dire et remontrer au chancelier et
aux présidens et conseillers de Parlement, par la bouche de Mᵉ Guillaume Erart, maistre en théologie, qu'ils avoient entendu qh'on
vouloit instituer, establir ou fonder en la ville de Caen estude de loix
et de décrets, et comment en pourroit redonder au grand dommaige
et préjudice du roy et de son royaume, ou préjudice et à la diminu-
tion ou confusion de la foy chrétienne, ou préjudice de la souverai-
neté et ressort de la Court de Parlement, contre le traicté de la paix,
et singulièrement préjudicieroit à la restauration de la cité et estude.
Déclaireroit en oultre ledict Erart les dommaiges et inconvéniens
disposez d'advenir par ledict estude de Caen, et avec ce remonstroit

Est-il nécessaire d'ajouter qu'elles n'eurent pas la puissance d'empêcher ni même de retarder l'effet des concessions de Henri VI en faveur de la ville de Caen?

Un autre édit de ce prince, qui touchait aussi par certains côtés aux intérêts de l'Université de Paris, causa dans ses rangs un très-vif émoi : nous voulons parler de l'édit qui permettait de racheter moyennant une somme douze fois égale au revenu annuel les rentes constituées sur les maisons et héritages de la ville de Paris et de ses faubourgs (1). Un grand nombre de ces rentes appartenaient à des églises et à des colléges qui trouvaient plus d'avantage à les toucher qu'à recevoir un capital d'un emploi peut-être difficile. L'édit qui permettait le rachat datait du mois de juin 1428 : il avait passé d'abord

comment le dict estude ne seroit mie utile ne nécessaire, espécialement pour le pays de Normandie qui est tout reiglé et gouverné par coustumes ; et comment à Louvain, à Dôle et ailleurs avoit estudes de loix pour fournir ce royaume de légistes et juristes. Parquoy vouloit dire iceluy Erart qu'il n'estoit nécessité ne utilité de restablir la dicte estude de Caen ; et que, en tant que besoing seroit, l'Université de Paris offroit de consentir et permettre à Paris estude de droit civil *ad tempus*, ainsi que seroit advisé ; en suppliant au chancelier et à la Court, que ce voulsissent remonstrer ou faire remonstrer au roy et à son conseil où il appartiendroit, afin que ledict estude ne soit estably ou fondé en ladicte ville de Caen. Sur quoy le chancelier fist response, en disant aux dessus nommez qu'ils baillassent par escript devers la Court leur offre dessusdict, et que on auroit advis sur ce qui avoit esté dict et requis de par l'Université et le prévost des marchands de Paris. »

(1) Voici l'art. 1er de l'édit du 31 juillet 1428 : « Que toutes manières de rentes cons'ituées par achat et à pris d'argent,.... par dons, lais ou autrement .. sur les maisons et héritages assis à Paris et ès faulbours d'icelle, à quelques personnes qu'elles appartiennent, soient églises, colléges ou autres personnes, les propriétaires d'icelles maisons ou héritages, qui sont à présent ou qui seront pour le tems à venir, puissent racheter, c'est assavoir le denier, douze deniers, monnoye courante à présent. » *Ordonn.*, t. XIII, p. 136. Cf. *ibid.*, p. 171.

inaperçu ; mais il fut renouvelé le 31 mai 1434. Les colléges qui possédaient des rentes s'alarmèrent; l'Université prit fait et cause pour eux, et protesta devant le Parlement. Cette fois encore, M⁰ Guillaume Evrard fut l'interprète des doléances de sa corporation. Il insista sur le tort qu'elle éprouvait et qui atteindrait, en même temps qu'elle, un grand nombre de fondations pieuses, et par conséquent les âmes des trépassés pour lesquelles, faute de revenus, on cesserait de chanter et de prier. Il se plaignit amèrement que l'édit, qui compromettait de si respectables intérêts, eût été préparé dans l'ombre et sans que les gens d'église eussent été consultés. Il mêla même la menace à la plainte, disant que, si les rois et les princes, au temps passé, avaient prospéré pour leurs bonnes œuvres, par le contraire il était à croire vraisemblablement qu'il *meschéeroit à ceux qui feroient œuvres mauvaises.* « Pompeius, s'écria l'orateur, fut très-glorieux en son empire; mais tantost qu'il fist de l'Eglise estable à ses chevaux, il finit meschamment (1). »

Les dispositions de l'Université à l'égard de ses dominateurs étrangers étaient donc modifiées, et elle ne laissait pas échapper l'occasion de le témoigner. Au mois de mars 1432, quelques-uns de ses maîtres, entre autres Jean Basset, sont arrêtés à Rouen et emprisonnés par les ordres du bailli, sous l'inculpation de complot contre l'autorité du roi d'Angleterre. Leur vrai crime, c'était leur attitude dans le procès de Jeanne d'Arc, et l'intérêt qu'ils avaient montré pour l'accusée, l'appui qu'ils avaient essayé de lui prêter (2). Oubliant la conduite toute différente qu'elle avait elle-même tenue en cette triste conjoncture, et la part qu'elle pouvait revendiquer dans la sentence de condamnation, l'Université de Paris éleva la voix en faveur des siens, et, comme sa plainte n'avait nullement ému les magistrats du bailliage de Rouen, elle porta l'affaire devant le Parlement, qui se

(1) Du Boulay, *Hist. Univ.*, t. V, p. 424 ; Vallet de Viriville, *Hist. de Charles VII*, t. II, p. 332.

(2) *Procès de Jeanne d'Arc*, t. V, p. 272, 273.

montra moins inexorable. En effet une délibération du 21 avril 1433 fit défense au bailli de Rouen de rien faire au préjudice de l'appellation de l'Université (1). De tels arrêts, rapprochés des griefs qui les avaient motivés, frappaient, comme autant de coups indirects, le ruineux édifice de la domination anglaise.

Mais quelque chose de plus grave encore que les incidents qui viennent d'être rappelés, ce sont les démarches que fit l'Université auprès du duc de Bourgogne en faveur de la paix.

Dès l'année 1429, des pourparlers s'étaient engagés entre Charles VII et le duc de Bourgogne (2). Bien que ces premières négociations n'eussent pas abouti, même à une trève, si nécessaire de part et d'autre, cependant elles n'avaient pas été entièrement rompues, et les exploits de Jeanne d'Arc, joints aux sentiments personnels de Philippe le Bon, à ses scrupules tardifs, à son dégoût de l'alliance anglaise, avaient ouvert de jour en jour de nouvelles chances de pacification. Ce fut dans ces conjonctures que le cardinal de Sainte-Croix ayant été envoyé en France par le pape Eugène IV pour travailler au rapprochement des partis, l'Université, encouragée, sans doute, par sa présence, n'hésita plus à se prononcer.

Dans une assemblée qui se tint aux Mathurins le 7 octobre 1432, sous la présidence de Mᵉ Gérard Gehc, alors recteur, un cri s'éleva contre les maux de la guerre, et il fut résolu qu'on enverrait une ambassade porter au duc de Bourgogne les doléances et les vœux de l'École de Paris. Les députés dont l'assemblée fit choix furent Mᵉ Jean de Brion, évêque de Meaux, conservateur des priviléges de la compagnie, et Mᵉ Nicolas Quoquerel, maître ès-arts. Comme ils réclamaient cent talents d'or pour leurs frais de voyage, et que le trésor de l'Université se trouvait à sec, les nations de France, de Normandie et de Picardie avancèrent la somme, sous la condition que le payement serait garanti par les

______

(1) Du Boulay, *Hist. univ.*, t. V, p. 422 et 424 ; Vallet de Viriville, *Hist. de Charles VII*, t. II, p. 337.

(2) *Chronique de Monstrelet*, t. IV, p. 348.

Facultés de théologie, de droit et de médecine. Les instructions
données aux deux ambassadeurs les chargeaient de représenter
à Philippe le Bon la déplorable situation de la France, la désolation des campagnes et des villes, l'affliction de l'Université.
Les deux ambassadeurs devaient s'efforcer d'apitoyer le puissant
vassal, et le conjurer d'employer tous ses soins pour le rétablissement de la paix, d'une paix sérieuse et durable, et à défaut de
paix, pour la conclusion d'une trève, qui permît d'adoucir les
plaies de la guerre (1).

C'était, depuis douze ans, la première fois que l'Université se
hasardait à intervenir dans les affaires du pays; qu'elle repre-
nait son rôle, non pas d'arbitre, mais de conseillère, elle-même
intéressée au succès de ses propres avis. Elle ne s'adressait pas,
chose remarquable, au roi d'Angleterre, bien qu'il fût par elle
salué du nom de roi de France; elle s'adressait à un prince français, se disant peut-être qu'il se montrerait plus sensible que
des étrangers aux maux du royaume, et qu'il avait entre les
mains tous les moyens de salut. Néanmoins, dans les instructions
que l'Université avait données à ses ambassadeurs, elle ne pro-
nonçait pas le nom de Charles VII; bien plus, elle le désignait
sans le nommer, comme l'ennemi de la nation, et ne laissait percer
nulle part le soupçon qu'il pût jamais remonter sur le trône et
rentrer dans Paris. C'est ainsi qu'à la veille des événements qui
doivent les toucher le plus les partis cherchent à dissimuler et
quelquefois n'osent pas s'avouer à eux-mêmes leurs craintes et
leurs espérances.

La démarche de l'Université de Paris fut pour le moment
sans résultat. Malgré une trève aussitôt violée que conclue entre
les Français et les Bourguignons, les hostilités se continuèrent
dans la plupart des provinces. Mais en 1435, lorsque s'ouvrirent
de nouvelles et sérieuses négociations entre les belligérants,
l'Université eut de nouveau l'occasion d'élever la voix en faveur
du rétablissement de la paix. Le roi d'Angleterre l'invita lui-

(1) Nous avons publié le texte de ces instructions dans notre
Index chronologicus, p. 256.

même à se rendre au congrès qui se réunit au monastère de Saint-Waast, dans la ville d'Arras (1). Là se rencontrèrent un légat du pape Eugène IV, et nombre de prélats, abbés et docteurs, députés par le concile de Bâle, et tous animés du désir d'apporter un terme aux calamités d'une guerre si longue. L'Université de Paris, fidèle à son rôle, se proposait d'exprimer, par l'organe de ses envoyés, sa pitié profonde pour les maux incalculables du royaume, et ses souhaits ardents pour la cessation des hostilités et la conclusion immédiate de la paix.

Les églises pillées et dévastées, les reliques des saints jetées au vent; les vases sacrés profanés; les immunités ecclésiastiques foulées aux pieds; des viols, des meurtres, des incendies; nombre d'enfants morts sans baptême et égorgés jusque dans le sein de leur mère; des chrétiens traités si cruellement par des chrétiens qu'il eût mieux valu pour eux tomber dans les mains des païens et des infidèles; les écoles désertes; les campagnes dépeuplées; les routes si peu sûres qu'on n'osait pas s'y hasarder; partout l'image de la désolation et de la misère: voilà le tableau que la France présentait en 1435, et que l'Université avait chargé ses envoyés de dérouler sous les yeux des puissants personnages réunis au congrès d'Arras (2). Pour mettre

(1) C'est ce qui résulte des instructions mêmes données à ses ambassadeurs, *Index chronologicus*, p. 258 : « Primo significabant ipsam convencionem fuisse intimatam dicto Universitati ex parte domini nostri regis, cujus obtemperando mandatis, ipsa Universitas ipsos transmisit ambassiatores... »

(2) *Index chronologicus*, ibid. : « Sunt enim universe ecclesie manu sacrilega depredate, orbate presbiteris et populo; destructe et in ruinam irreparabiliter collapse; sacre reliquie et vasa sacra violenter asportata; ymo ipsum preciosissimum Christi corpus sepe infideli temeritate irreverenter tractatum, et viliter humi projectum, ad depredationem sacri vasis ad ejus custodiam ordinati. Sunt insuper homicidia innumera, ectam in sacris perpetrata edibus, templa succensa igni, et ad ea confugientes innocentes, qualibet spreta emunitate, absque offensa, inhumaniter trucidati, combusti, aut alias, absque pietate, gladio interempti. Neque vero describi possint ty-

fin par une paix solide à de si épouvantables calamités, fallût-il abandonner une partie du territoire de la France à ceux que l'Université appelait encore, dans ses instructions, les adversaires du royaume, *adversariis regni*, c'est-à-dire aux partisans de Charles VII, elle y consentait; mais, gardienne toujours vigilante de ses priviléges, elle demandait une garantie en faveur des bénéficiers dont les bénéfices feraient partie du territoire abandonné. Elle déclarait d'ailleurs que, si la guerre devait continuer, il ne restait plus qu'une ressource pour les habitants du royaume, c'était de s'expatrier (1).

Le congrès d'Arras ne répondit pas entièrement aux espérances de l'Université de Paris : il ne rendit pas la paix à la France; mais il amena un rapprochement sincère et définitif entre Charles VII et le duc de Bourgogne, qui ne tarda pas à tourner ses forces contre les Anglais, si longtemps ses alliés. Les affaires prirent alors une face nouvelle et se précipitèrent vers le dénoûment que les exploits de Jeanne d'Arc avaient préparé. L'Université de Paris, qui était restée plus française au fond que quelques-uns de ses actes ne le feraient supposer,

raunides quibus indifferenter tam religiosi aut ecclesiastici quam scholares impie, immanibus et diversis tormentorum speciebus et penarum generibus sunt afflicti, adeo quod eciam infideles et pagani populum Christianum tanta morum crudelitate tractare vererentur, si eisdem tributum redderetur. Quanto insuper mulieres violate, virgines deflorate, conjugia fedata sunt, pregnantes mulieres suffocate; partus et parvuli absque baptisme et sepe in utero matris periclitati sunt! Exprimi non possit preterea que edificiorum demolicio et ruina universa; patens est, et non est qui terras vel agros audeat excedere, neque per vias incedere, solum vite periculo; et, quod pejus est referre, omnium oculis innotuerunt fames, calamitas et miseria, quibus multitudo innumerabilis populi et privatorum hac occasione periit. Et ut multa brevi verbo dicantur in tantum mala excreverunt, quod nulla iniquitas et impietas super excogitari valeat. »

(1) *Ibid.* : « Aperiatur quomodo pondere guerrarum regnum istud in tantum est depressum, quod amplius guerram sustinere non possit; et ubi pax non interveniet, compellit necessitas regnicolas ad loca extranea transire et partes Francie relinquere desertas.

n'eut aucune peine à suivre l'essor imprimé par les événements aux idées nationales. Après la réduction de Paris au mois d'avril 1436, elle se hâta de témoigner la part qu'elle prenait à la joie publique, en ordonnant une procession solennelle qui eut lieu en l'église Sainte-Catherine du Val, et dans laquelle parurent environ quatre mille maîtres et écoliers, portant des cierges (1). En même temps elle désigna quelques-uns de ses membres pour se joindre à la députation qui allait porter à Charles VII les requêtes avec les hommages des gens d'église et des bourgeois de la ville (2). Ce qu'elle avait la certitude d'obtenir et que cependant elle sollicitait avec instance comme une faveur difficile, c'était la confirmation de ses priviléges. Charles VII promit « de lui en bailler des lettres en forme, ainsi qu'avoient fait d'ancienneté ses prédécesseurs. » Ces lettres, délivrées à Bourges au mois de mai, furent enregistrées au Châtelet de Paris, le 2 juin suivant; elles étaient conçues dans les termes les plus explicites et les plus favorables. « Désirans de tout nostre cœur, disait le roi, voir de nostre temps nostre fille, première née, l'Université de l'estude de Paris, florir, fructifier, croistre et multiplier en comble et plantureuse abondance de vertus et tous biens, et estre souverainement exaucée et élevée par tous honneurs, graces et liberalitez; voulans toujours persévérer en nos faits, selon les vertueuses œuvres de nos prédécesseurs :..... tous et chacuns les priviléges, libertez et franchises par nosdits prédécesseurs donnez et octroyez à nostredite fille l'Université de l'estude de Paris et aux supposts d'icelle, ensemble les autres droits, coustumes, usaiges d'icelle nostre fille et de sesdits supposts,... Nous iceux ayans fermes et agréables, de nostre grace spéciale, pleine puissance et autorité royal, loüons, approuvons, certifions et confirmons par ces présentes (3). »

(1) Du Boulay, *Hist. Univ.*, t. V, p. 435; Félibien, *Hist. de Paris*, t. IV, p. 815; Vallet de Viriville, *Hist. de Charles VII*, t. II, p. 361.

(2) Félibien, *ibid.*, p. 626; t. V, p. 269.

(3) *Recueil des priviléges de l'Université*, p. 15; *Ordonn. des rois de France*, t. XIII, p. 219; Du Boulay, *Hist. Univ.*, t. V, p. 438.

Malgré d'aussi formelles assurances en faveur du maintien de ses priviléges, l'Université de Paris, dès l'année suivante, ne fut pas exemptée de l'emprunt, ou, pour mieux dire, de la contribution de guerre qui venait d'être imposée aux habitants de Paris pour la délivrance de la ville et du château de Montereau, encore aux mains des Anglais. En consentant d'assez bonne grâce à payer sa part de ce subside extraordinaire, elle obtint du moins de Charles VII la déclaration expresse que ce dangereux précédent ne serait pas invoqué contre elle et ne préjudicierait pas dans l'avenir à ses immunités (1).

Deux mois s'étaient écoulés depuis ces derniers incidents, lorsque Charles VII, s'étant décidé enfin à quitter ses fidèles provinces du centre du royaume, rentra dans Paris le 12 novembre 1437, après une absence qui avait duré près de vingt ans, et qui avait eu toutes les amertumes de l'exil le plus navrant. Au parvis Notre-Dame, il trouva le corps de l'Université qui était venu le complimenter (2). Par un caprice du sort ou de l'élection, l'orateur qui devait porter la parole au nom des quatre facultés était ce Nicole Midi que nous avons vu si acharné contre Jeanne d'Arc. Quelle attitude pouvait avoir devant Charles VII victorieux cet ancien adversaire, ce juge inique de la Pucelle? Selon l'usage, Nicole Midi avait reçu des instructions contenant la substance de l'allocution qu'il devait prononcer. Il eut donc à exprimer les élans de l'allégresse générale au retour d'un prince chez lequel resplendissaient, dit-il, toutes les qualités qui conviennent à un roi catholique, la pureté de la foi, la soumission à Dieu et à l'Eglise, l'amour de la justice, la clémence et la miséricorde. Il eut ensuite à retracer tout ce que l'Université avait souffert, alors que, pareille à une orpheline, elle était privée de son protecteur naturel. Enfin, après avoir dépeint les malheurs que la désunion entraîne et les bienfaits de la concorde, Nicole Midi déposa aux pieds de Charles VII les

(1) *Recueil des Priviléges*, p. 95; *Ordonn.*, t. XIII, p. 439.
(2) *Chronique de Monstrelet*, t. V, p. 304.

protestations de l'obéissance filiale et du dévouement de l'École de Paris (1).

Ainsi fut scellée, après de longues et mutuelles épreuves, la réconciliation de l'Université de Paris et de la royauté des Valois. Cependant Charles VII, qui ne pardonna jamais à la ville de Paris de l'avoir expulsé et combattu, se souvint également, jusqu'à la fin de son règne, que l'Université avait méconnu ses droits, abandonné et trahi sa cause pour se donner aux Anglais. Il maintint, comme il l'avait promis, ses anciens privilèges, mais sans y ajouter de nouvelles faveurs. Il se garda d'étendre le rôle déjà si considérable de cette corporation, vénérée à juste titre, mais arrogante et présomptueuse, qui s'était mêlée un jour des affaires de l'Eglise et de celles de l'Etat, avec la prétention à peu près avouée d'en rester l'arbitre. Loin d'encourager ses visées ambitieuses, il les réprima : elle prétendait relever immédiatement de l'autorité royale, il la soumit à la juridiction du Parlement (2). Elle continua de s'appeler la fille aînée des rois de France ; mais elle apprit de Charles VII qu'elle était leur sujette en même temps que leur fille aînée, et elle sentit de plus en plus dans la suite le poids de cette sujétion. Ainsi la décadence politique de l'Université de Paris suivit de près l'extension un peu abusive de son influence. Après avoir rêvé les plus hautes destinées, elle vit, en moins d'un quart de siècle, ses espérances à demi réalisées, puis cruellement déçues. Désormais surveillée, contenue, affaiblie, elle allait se trouver peu à peu ramenée au rôle qui était le sien, celui d'une grande école qui a pour mission d'élever la jeunesse, et qui doit se contenter de sa tâche et s'y dévouer exclusivement avec une légitime fierté ; car si, par certains côtés, cette tâche laborieuse paraît obscure et même ingrate, il n'en est pas, après tout, qui importe plus aux familles et à l'Etat.

(1) Du Boulay, *Hist. univ.*, t. V, p. 442 ; Vallet de Viriville, *Hist. de Charles VII*, t. II, p. 384 et s.

(2) *Ordonn.*, t. XIII, p. 457.

Paris. — Imp. de E. Donnaud, rue Cassette, 9.

www.ingramcontent.com/pod-product-compliance
Lightning Source LLC
Chambersburg PA
CBHW051359060726
47596CB00005B/1983